PONS

W0185770

Lektürehilfe

Faust I

J. W. von Goethe

von
Johannes Wahl

PONS GmbH
Stuttgart

PONS

Lektürehilfe

Faust I

J. W. von Goethe

von Johannes Wahl

Die Seitenangaben der Textzitate beziehen sich auf folgende Ausgabe:
Johann Wolfgang von Goethe: *Faust. Eine Tragödie*.
München 1998 (Hamburger Ausgabe, C.H. Beck)

Auflage A1 5 4 3 2 1 / 2011 2010 2009 2008

Internet: www.pons.de
E-Mail: info@pons.de

Redaktion: Elke Hufnagel
Logoentwurf: Erwin Poell, Heidelberg
Logoüberarbeitung: Sabine Redlin, Ludwigsburg
Titelfoto: Vlado Golub, Stuttgart
Einbandgestaltung: Schmidt & Dupont
Sprecher: Frauke Vetter, Frank Frede, Thomas Wedekind, Helge Sidow
Tonstudio: allegria Musik-/Audioproduktion GbR
Layout/Satz: Fotosatz Kaufmann, Stuttgart
Druck und Bindung: L.E.G.O. S.p.A., in Vicenza (VI)

Printed in Italy.
ISBN: 978-3-12-561453-6

Trackliste und Inhaltsverzeichnis

Track	Titel	Seite
1	Willkommen	5
2	Einführung	
	Inhaltsangabe	
3	**Eröffnung und Rahmenhandlung**	6
3	Zueignung	6
3	Vorspiel auf dem Theater	7
3	Prolog im Himmel	8
	Die Gelehrtentragödie	10
4	Nacht	10
5	Vor dem Tor	14
6	Studierzimmer I	16
6	Studierzimmer II	18
7	Reisestationen: Auerbachs Keller in Leipzig, Hexenküche	20
	Die Gretchentragödie	22
8	Straße, Abend, Spaziergang	22
9	Der Nachbarin Haus, Straße, Garten, Ein Gartenhauschen	24
10	Wald und Höhle, Gretchens Stube	26
11	Marthens Garten	28
12	Am Brunnen, Zwinger, Nacht, Straße vor Gretchens Tür, Dom	30
13	Walpurgisnacht, Walpurgisnachttraum, Trüber Tag – Feld, Nacht – Offen Feld	32
14	Kerker	34

Track	Titel	Seite
	Analyse und Interpretation	
	Aufbau	36
15	Die Gelehrtentragödie	36
15	Die Gretchentragödie	38
16	Die doppelte Wette als Motor der Faust-Handlung	40
17	Gegensätzlichkeit und Spiegelung als grundlegendes Strukturprinzip	42
	Personen und Personenkonstellation	44
18	Faust	44
19	Mephisto	45
20	Gretchen	45
21	Personenkonstellation	46
	Thematik	48
22	Streben und Irren des Menschen	48
	Goethe und der Faust-Stoff	
23	**Zur Entstehung des Dramen-Komplexes**	50
24	Faust I zwischen Sturm und Drang und Klassik	52
	Vom historischen Faust zur literarischen Figur	55
25	Der historische Faust	55
25	Legendenbildung und literarische Vorlagen	56
	Resümee	
26	**Literarische Bedeutung, Rezeption, Aktualität der Faust-Tragödie**	57
	Mögliche Abiturthemen	59

Willkommen zur PONS Hörstoff Lektürehilfe!

Diese neue Audio-Lektürehilfe vermittelt dir alle grundlegenden Informationen zu Goethes *Faust* – und all das findest du im MP3-Format auf der CD! Du kannst also überall lernen, ganz egal, wo du gerade bist!

Auf der **CD** findest du:

- die ausführliche Zusammenfassung des Inhalts
- die Charakterisierung der Figuren
- die Textanalyse und -interpretation
- Hintergrundinformationen zu Autor und Werk

Das **Booklet** fasst die Themen und Schwerpunkte, die du gehört hast, noch einmal zusammen. Darin findest du eine Trackliste, die dir einen Überblick über die Themen gibt und auf die entsprechenden Seiten im Booklet verweist. So findest du schnell den richtigen Track mit den Informationen, die du suchst. Und du kannst ganz gezielt nur die Themen auswählen, die gerade für dich wichtig sind.

Also, reinhören und alles verstehen!

Viel Spaß!

Inhaltsangabe

Eröffnung und Rahmenhandlung

TR. 3

Die Faust-Handlung wird durch eine dreiteilige Eröffnung eingeleitet. Sie enthält:
- die biografisch geprägte *Zueignung*
- eine Auseinandersetzung darüber, wie ein Theaterstück sein soll (*Vorspiel auf dem Theater*)
- den *Prolog im Himmel*, mit dem in die Faust-Tragödie übergeleitet wird. Diese Szene dient gleichzeitig als Rahmen für die folgende Handlung.

Zueignung

TR. 3

Die *Zueignung* ist eine Widmung in Form eines Gedichtes, das aus vier achtversigen Strophen (Stanzen) besteht. Die *Zueignung* entstand 1797, als der Dichter seine Arbeit am *Faust* nach mehr als 20 Jahren wieder aufnahm. Darin beschreibt Goethe, der mit dem lyrischen Ich des Gedichtes gleichzusetzen ist, seine Gefühle, mit denen er sein Lebenswerk präsentiert.

- (V. 1–8) Der Dichter erinnert sich an unfertige „schwankende Gestalten" (der Faust-Handlung) in seiner Jugend.
- (V. 9–16) Damit verbinden sich glückliche Bilder vergangener Zeiten.
- (V. 17–24) Nun will er das Drama, er nennt es seine „Gesänge", nach zwei Jahrzehnten einer fremden „unbekannten Menge" vorstellen, vor der der Dichter eher Angst zu haben scheint.
- (V. 25–32) Doch die Erinnerungen lassen ihn nicht los, werden ihm zu neuen „Wirklichkeiten". Sie wirken ergreifend und befreiend zugleich.

Vorspiel auf dem Theater

In dieser Szene treffen ein pragmatischer Theaterdirektor, ein Dichter und eine lustige Person aufeinander und streiten über den poetischen Anspruch und die Publikumswirksamkeit eines guten Theaterstücks. Ihre Positionen hinsichtlich des Verhältnisses von Dichtung und Publikum kann man wie folgt gegenüberstellen:

Theater und Publikum

Direktor

- Geschäftsinteresse: Wunsch nach vollem Theater
- orientiert sich am Publikumsgeschmack
- Theater muss effektvoll sein

Dichter

- verabscheut es, sich dem Publikum anzubiedern
- strebt nach echter Kunst und Ruhm der Nachwelt

Lustige Person

der Dichter soll ins „volle Menschenleben“ greifen, um das Publikum zu unterhalten

TR. 3

Prolog im Himmel

Während die *Zueignung* und auch das *Vorspiel auf dem Theater* vielfach nicht gespielt werden, setzt mit dem *Prolog im Himmel* die Rahmenhandlung der Faust-Tragödie ein, mit der deshalb Inszenierungen des *Faust I* meist beginnen.
Die himmlische Rahmenhandlung umschließt beide Teile des Faust-Stoffes (*Faust I* und *Faust II*).

Verlauf

- Die Lobpreisung der Schöpfung des Herrn durch die Erzengel wird kontrastiert durch Mephistos Behauptung:

  Ich sehe nur, wie sich die Menschen plagen. (V. 280)

  Der Mensch meine nur, er handele vernünftig, doch sei er „tierischer als jedes Tier“ (V. 286).

- Der Herr ist das ewige Lamentieren des Teufels leid und lenkt das Gespräch auf ein Musterbeispiel der Schöpfung: auf Faust.
- Der Zuschauer erfährt, dass Faust nach den „schönsten Sterne[n]“, d.h. nach größtmöglicher Erkenntnis, und nach „höchste[r] Lust“ strebe (V. 304 f.). Doch nichts hat ihn bislang zufriedenstellen können.
- Der Herr beabsichtigt, ihn bald „in die Klarheit“ zu führen (V. 309).
- Da wettet Mephisto, „den sollt ihr noch verlieren“ (V. 312).
- Der Herr gibt Mephisto die Erlaubnis, Faust zu verführen. Seinem Menschenbild zufolge gilt zweierlei:

  ➔ Es irrt der Mensch, solang' er strebt. (V. 317)
  ➔ Ein guter Mensch in seinem dunklen Drange
  Ist sich des rechten Weges wohl bewusst. (V. 328 f.)

Das Verhältnis von Herr und Mephisto und der Ausgang der Wette

Der Herr und Mephisto sind nicht als gleichwertige Antipoden der himmlischen Ordnung zu betrachten. Der Teufel ist innerhalb der Schöpfung des Herrn nur ein funktionaler Teil mit begrenzter Macht. Das ungleiche Verhältnis kann an folgenden Versen abgelesen werden:

Herr →

Von allen Geistern, die verneinen,
Ist mir der Schalk am wenigsten zur Last.
Des Menschen Tätigkeit kann allzu leicht erschlaffen,
Er liebt sich bald die unbedingte Ruh;
Drum geb' ich ihm gern den Gesellen zu,
Der reizt und wirkt und muß als Teufel schaffen.
(V. 337 ff.)

Mephisto →

Was wettet ihr? den sollt Ihr noch verlieren,
Wenn Ihr mir die Erlaubnis gebt,
Ihn meine Straße sacht zu führen!
(V. 312 f.)

Aufgrund dieser Struktur kann Mephisto die Wette nicht gewinnen. Dies deutet der Herr bereits früh mit der Metapher an:

> Weiß doch der Gärtner, wenn das Bäumchen grünt,
> Daß Blüt' und Frucht die künft'gen Jahre zieren. (V. 310)

Er weiß, dass Fausts Anlagen zu einem positiven Ende führen werden.

Die Gelehrtentragödie

Nacht

TR 4

> Die Szene *Nacht* leitet die eigentliche Faust-Handlung mit der Gelehrtentragödie ein. Sie ist die Exposition und stellt Faust vor und den Konflikt, aus dem die Dramenhandlung entspringt. Die ersten Verse und auch der Ort der Handlung enthüllen die Verzweiflung des Gelehrten.

Der Beginn der Szene

Das Wissen seiner Zeit befriedigt Faust nicht. Faust beginnt mit den berühmten Worten:

Habe nun, ach! Philosophie,
Juristerei und Medizin
Und leider auch Theologie
Durchaus studiert, mit heißem Bemühn.
Da steh' ich nun, ich armer Tor,
Und bin so klug als wie zuvor! (V. 354 ff.)

Die spätmittelalterliche und frühneuzeitliche Universität kannte nur vier Fakultäten. Die Philosophie galt als Basisqualifikation und umfasste die klassischen Geisteswissenschaften einschließlich der Sprachen. Wer länger an der Universität blieb, entschied sich für eine der höheren Fakultäten, für die Rechtswissenschaft, die Medizin oder die Theologie. Dabei galt die Theologie als die ranghöchste Disziplin.

Obwohl sich Faust alles verfügbare Wissen der damaligen Zeit angeeignet hat, muss er erkennen,

[...] daß wir nichts wissen können!
Das will mir schier das Herz verbrennen. (V. 364 f.)

Der Raum als Ausdruck der inneren Befindlichkeit

Faust sitzt in einem „hochgewölbten, engen gotischen Zimmer", so die Regieanweisung zu Beginn der Szene.

- Es ist ein mittelalterlicher, zum Himmel strebender Raum, der den Blick nach oben hin verengt. Die Architektur zwingt den Betrachter zum Blick in die Höhe.
- Das Gefühl der Enge wird verstärkt durch die Tatsache, dass das Gewölbe mit verstaubten Büchern, Instrumenten und ererbtem Hausrat voll gestellt ist.

Der Raum symbolisiert Fausts Gedankenwelt. Er strebt nach gottgleicher Allwissenheit, doch muss er erkennen, dass er die Beschränktheit der eigenen Erkenntnis nicht überwinden kann. Der Kontrast zwischen der empfundenen Enge, die in der nächtlichen Atmosphäre noch beklemmender wirkt, und der grenzenlosen Schöpfung drückt sich auch in seinen Worten aus (V. 386–417):

Fausts Begrenztheit	Weite des Kosmos
Weh! steck' ich in dem Kerker noch? Verfluchtes dumpfes Mauerloch [...] Beschränkt von diesem Bücherhauf, den Würme nagen, Staub bedeckt [...] Statt der lebendigen Natur, [...] Umgibt in Rauch und Moder nur Dich Tiergeripp' und Totenbein.	Ach! könnt' ich doch auf Bergeshöhn In deinem lieben Lichte gehn, Um Bergeshöhle mit Geistern schweben, [...] Von allem Wissensqualm entladen, in deinem Tau gesund mich baden! [...] Flieh! auf! hinaus ins weite Land!

Gliederung der Szene

Die lange Szene ist eine Art Monodrama, d.h. ein Ein-Personen-Stück, das jedoch durch Dialoge mit dem Erdgeist und dem Famulus Wagner unterbrochen wird. Deren Auftritte helfen, die Szene auch inhaltlich zu gliedern. Insgesamt geht es um Fausts Bemühen, seine Begrenztheit durch drei Versuche (Makrokosmos, Erdgeist, Selbstmord) aufzuheben. Alle Versuche scheitern.

Fausts Eingangsmonolog (V. 354–481)

Fausts Drang zu erfahren, was die Welt im Innersten zusammenhält, kann durch die herkömmliche Bildung nicht befriedigt werden. Er erkennt seine Begrenztheit: „Und sehe, daß wir nichts wissen können“ (V. 364). Deshalb wendet er sich der Magie zu.

Erster Entgrenzungsversuch:
Zeichen des Makrokosmos ermöglicht die Betrachtung der göttlichen Harmonie, doch bleibt sie ein „Schauspiel nur“ (V. 454).

Faust und der Erdgeist (V. 482–520)

Zweiter Entgrenzungsversuch:
- Faust gelingt es, den Erdgeist zu rufen. Er wähnt sich diesem ebenbürtig:
  „Ich bin's, bin Faust, bin deinesgleichen!
  [...]
  Ich Ebenbild der Gottheit!" (V. 500 / 515)
- Der Erdgeist weist ihn zurück:
  „Du gleichst dem Geist, den du begreifst,
  Nicht mir!" (V. 512 f.)

Faust und Wagner (V. 521–601)

- Der Auftritt Wagners kommt Faust ungelegen.
- Faust verspottet Wagners trockene Wissenschaftsgläubigkeit.

Faust erneut allein (V. 601–807)

- Die Zurückweisung des Erdgeistes kann endlich verarbeitet werden, stürzt Faust jedoch in noch größere Verzweiflung.

Dritter Entgrenzungsversuch:
- Gift soll ihn von der Erde weg zu „neuen Sphären reiner Tätigkeit" heben, selbst auf die Gefahr hin, „in Nichts dahinzufließen" (V. 705 ff.).
- Die Osterglocken beenden seine Selbstmordfantasien und bringen ihn in die Wirklichkeit zurück.

TR. 5

Vor dem Tor

Die revueartige Szene dient der weiteren Charakterisierung von Faust und zeigt ihn innerhalb seines sozialen Umfelds. Sie steht in einem spannungsvollen Gegensatz zu der vorangegangenen Szene *Nacht*. Doch auch in der Szene selbst arbeitet Goethe mit scharfen Kontrasten.

Inhalt

- Faust und Wagner begegnen am Ostersonntag auf ihrem Spaziergang verschiedenen sozialen Schichten des Volkes.
- Faust erfreut sich an der frühlingshaften Natur und genießt das bunte Treiben der Menge. Der Albtraum der vergangenen Nacht scheint verblasst. Die Freude von „Groß und Klein" wirkt auf ihn:

> Hier bin ich Mensch, hier darf ich's sein. (V. 940)

- Angesichts des Naturschauspiels der Abendsonne kehrt Fausts Sehnsucht nach Entgrenzung zurück. Er möchte fliegen, den Wechsel von Tag und Nacht hinter sich lassen. Er ruft nach einem Zaubermantel.
- Hier wird deutlich, dass ihn nicht nur der Mangel an Erkenntnis plagt, sondern auch das Verlangen nach Liebe.

> Zwei Seelen wohnen, ach! in meiner Brust,
> die eine will sich von der andern trennen;
> Die eine hält, in derber Liebeslust,
> sich an die Welt mit klammernden Organen;
> Die andre hebt gewaltsam sich vom Dust
> Zu den Gefilden hoher Ahnen. (V. 1112)

Faust droht an diesem Zwiespalt zu zerbrechen.
Seinen Hang zu „derber Liebeslust" wird Mephisto, der sich in Gestalt eines Pudels nähert, später für seine Zwecke nutzen.

Nacht und *Vor dem Tor* – ein Gegensatz

Die beiden Szenen sind kontrastierend aufeinander bezogen. Das zeigt die folgende Gegenüberstellung:

Nacht	Vor dem Tor
– Nacht – enge Kammer, Kerker – Fausts Einsamkeit – Todeswunsch – Fausts Hinwendung zur Magie	– Tag – weite Frühlingslandschaft vor dem Tor – Geselligkeit der einfachen Menschen – Auferstehung (Ostersonntag) – Realitätssinn der Menschenmenge

Faust und Wagner als Kontrastfiguren

Auch Faust und Wagner sind in beiden Szenen als Kontrastfiguren angelegt. Wurde in der Szene *Nacht* vor allem ihre unterschiedliche Wissenschaftsauffassung deutlich, zeigt die Szene *Vor dem Tor* ihre verschiedenen Einstellungen gegenüber dem Volk. Wagner distanziert sich von der einfachen Bevölkerung. Er ist „ein Feind von allem Rohen" (V. 944). Faust dagegen gibt sich volksnah.

Am Ende der Szene *Vor dem Tor* kehrt Faust wieder zurück in sein Studierzimmer. Ein Pudel hat sich ihm angeschlossen.

TR. 6

Studierzimmer I

Im *Studierzimmer I* gibt sich Mephisto Faust zu erkennen. Die Szene dient im Wesentlichen der Charakterisierung Mephistos. Sie weist voraus auf den Pakt zwischen Mephisto und Faust und leitet zur Szene *Studierzimmer II* über.

Zuhause angekommen, verliert Faust seine Zufriedenheit und innere Ruhe schnell. Ein Pudel, der ihm nachgelaufen ist, stört seine Suche nach Klarheit in der heiligen Schrift. Schon beim ersten Satz „Im Anfang war das W o r t !" (V. 1224) gerät seine Übersetzung des Johannes Evangeliums ins Stocken. Nach verschiedenen Alternativen entscheidet er sich für die Formulierung „Im Anfang war die T a t !" (V. 1237) – ein Ausdruck seiner eigenen Unrast.

Die religiösen Worte machen den Pudel unruhig. Faust erkennt in dem Tier etwas Übersinnliches. Als Meister der Magie zwingt er den Pudel, seine wahre Gestalt zu offenbaren.

Mephisto

Mephisto stellt sich vor: Er war „des Pudels Kern" (V. 1323). Er charakterisiert sich als Negation der Schöpfung. Zerstörung und Vernichtung sind seine Elemente, Gott erwähnt er nicht. Er überschätzt und verkennt dabei seine Rolle, die ihm vom Herrn im *Prolog* zugewiesen worden ist.
Seine Allmachtsfantasie wird jedoch an verschiedenen Stellen ins rechte Licht gerückt:

Mephistos Selbstcharakterisierung	– Ein Teil von jener Kraft, Die stets das Böse will und stets das Gute schafft. (V. 1335 f.) – Ich bin der Geist, der stets verneint! Und das mit Recht; denn alles, was entsteht, Ist wert, daß es zugrunde geht; Drum besser wär's, daß nichts entstünde. So ist denn alles, was ihr Sünde, Zerstörung, kurz das Böse nennt, mein eigentliches Element. (V. 1338 f.)
↕	
Mephistos tatsächliche Begrenztheit	– Du kannst im Großen nichts vernichten Und fängst es nun im Kleinen an. (V. 1360) – Das Etwas, diese plumpe Welt, So viel als ich schon unternommen, Ich wußte nicht ihr beizukommen [...]! (V. 1364) – [...] daß ich hinausspaziere, verbietet mir ein kleines Hindernis, der Drudenfuß auf Eurer Schwelle – [...] Der Teufel kann nicht aus dem Haus. (V. 1393 f.)

Aus der scheinbaren Überlegenheit heraus spielt Faust mit dem Gedanken, einen Pakt mit dem Teufel zu schließen (V. 1414 f.).
Mephisto will sich jedoch nicht darauf einlassen und kann entkommen, indem er Faust einschläfert. Eine Ratte zernagt das hinderliche Pentagramm und öffnet ihm den Ausgang.

TR. 6

Studierzimmer II

Mephisto greift nun seinerseits die Idee des Teufelspaktes auf, doch Faust verwandelt den Pakt in eine Wette. Der zweite Teil der Szene ist zugleich eine Satire auf die zeitgenössische Universität.

Vom Pakt zur Wette

Entsprechend der mittelalterlichen Tradition des Teufelspaktes bietet Mephisto dem unzufriedenen Faust an, ihm auf Erden zu dienen. Dafür soll ihm Faust seine Seele verkaufen und sich im Gegenzug verpflichten, ihm nach seinem Tod im Jenseits zu dienen.

Hätte Faust sich darauf eingelassen, so wäre er gleich verloren gewesen. Er hätte sich Mephisto bedingungslos ausgeliefert und unterworfen.

Faust kümmert das „Drüben" wenig, er glaubt vielmehr, dass ihm der Teufel im Hier und Jetzt nichts zu bieten habe: „Was willst Du, armer Teufel, geben?" (V. 1675). Deshalb will er mit Mephisto wetten, dass es ihm nicht gelingen werde, Faust auch nur einen Moment der Zufriedenheit zu verschaffen. Darauf lässt sich Mephisto ein.
Faust gelingt es dadurch, das Verhältnis zwischen ihnen beiden offen und gleichwertig zu gestalten.

Die Universitätssatire

Ein Schüler tritt auf, der sich informieren möchte, welche Fakultät er besuchen soll. Mephisto schlüpft in die Rolle Fausts. Mit viel Witz und Ironie verspottet er alle Wissensbereiche: „Grau, teurer Freund, ist alle Theorie" (V. 2038).

Mephistos Angebot:

– Ich bin dein Geselle,
und mach ich dir's recht,
bin ich dein Diener, bin dein Knecht! (V. 1646 ff.)
– Ich will mich h i e r zu deinem Dienst verbinden,
Auf deinen Wink nicht rasten und nicht ruhn;
Wenn wir uns d r ü b e n wiederfinden,
so sollst du mir das gleiche tun. (V. 1656 ff.)

Fausts Wette:

Werd' ich zum Augenblicke sagen:
Verweile doch! du bist so schön!
Dann magst du mich in Fesseln schlagen,
Dann will ich gern zugrunde gehn!
Dann mag die Totenglocke schallen [...].
Es sei die Zeit für mich vorbei! (V. 1699 ff.)

Am Ende verspricht Mephisto, Faust zuerst durch die „kleine, dann die große Welt" (V. 2054) zu führen. Die kleine Welt ist die zeitgenössische Gesellschaft Fausts an der Schwelle zur Neuzeit. Die große Welt wird im *Faust II* aufgegriffen.

TR. 7

Reisestationen: Auerbachs Keller in Leipzig, Hexenküche

Die beiden Szenen sind Zwischenstationen auf der Reise durch die „kleine Welt". Zunächst führt Mephisto Faust in *Auerbachs Keller*. In der *Hexenküche,* der zweiten Station, wird Faust dann verjüngt. Die *Hexenküche* leitet zur Gretchentragödie über. Beiden Szenen gemeinsam sind sowohl politische als auch erotisch derbe Anspielungen und zahlreiche Tiermetaphern.

Auerbachs Keller in Leipzig

Mephisto hatte bereits bei Abschluss der Wette sein Vorhaben formuliert:

> Den schlepp' ich durch das wilde Leben,
> Durch flache Unbedeutenheit [...]! (V. 1860 f.)

In Auerbachs Keller wird Faust nun genau dieses vorgeführt. Die Studentenkneipe ist ein Zerrbild des universitären Lebens und setzt damit die Ereignisse im Studierzimmer, insbesondere Mephistos satirisches Gespräch mit dem Schüler, fort. Die Studenten zeigen sich wenig intellektuell, sondern vielmehr vergnügungssüchtig, primitiv und unpolitisch. So ist es für Mephisto ein Leichtes, sie mit Zauberkunst zu verführen und ihren animalisch-aggressiven Kern zu enttarnen.

Dies korrespondiert mit Mephistos Menschenbild aus dem Prolog. Dort behauptet er, dass die Menschen „tierischer als jedes Tier" seien (V. 286).

Faust ist von dieser Plattheit und „Bestialität" angewidert. Er sagt nach einem kurzen Gruß nur einen weiteren Satz:

> Ich hätte Lust, nun abzufahren. (V. 2296)

TR 9

Der Nachbarin Haus, Straße, Garten, Ein Gartenhäuschen

Die Szenen dienen der Vorbereitung und Darstellung des ersten Rendezvous zwischen Faust und Gretchen. Gleichzeitig wird mit Marthe eine Kontrastfigur zu Gretchen eingeführt. Während Gretchen von reiner Liebe träumt, steht Marthe für das sinnliche, sexuelle Verlangen.

Der Nachbarin Haus

- Marthe Schwerdtlein ist von ihrem Mann verlassen worden. Ihre Worte, er habe sie „auf dem Stroh [= Bett] allein" gelassen (V. 2868), weisen sie von Beginn an als sinnliche Frau aus.
- Ihr ist an einem Totenschein gelegen, damit sie ohne gesellschaftliche Ächtung eine neue Beziehung eingehen kann.
- Gretchens Eitelkeit verhindert, dass sie das zweite Schmuckkästchen ihrer Mutter anvertraut. Stattdessen offenbart sie sich ihrer Nachbarin Marthe, die ihr rät, den Schmuck bei ihr zu belassen.
- Mephisto gibt sich als Bekannter ihres Mannes aus. Mit viel Witz und Ironie erfindet er die Geschichte seines angeblichen Todes: „Ihr Mann ist tot und lässt Sie grüßen" (V. 2916 f.).
- Er verspricht ihr, einen notwendigen zweiten Zeugen zu bringen, der den Tod bestätigt: Faust.

Straße II

Faust weigert sich, das falsche Zeugnis zu geben. Mephisto verspottet ihn und betont, dass er schon als Wissenschaftler nicht immer die Wahrheit gesagt habe. Als Liebhaber werde er gegenüber Gretchen ebenfalls lügen.

Hexenküche

Neben der späteren Szene *Walpurgisnacht* ist die *Hexenküche* die einzige, die in Mephistos übernatürlicher Welt spielt. Dort ist er Herr über Hexen und Fabelwesen.
Auch wenn Faust dem Treiben kritisch gegenübersteht, lässt er Mephisto gewähren, der ihn durch einen Trank verjüngt, um ihn in die Rolle eines Liebhabers zu versetzen. Noch vor der Verjüngung sieht er in einem Zauberspiegel die nackte Helena, das Idealbild antiker Schönheit, deren Bild ihn in seinen Bann zieht. Mephisto prophezeit ihm, dass er mit dem Liebestrank bald „Helenen in jedem Weibe" sehen werde (V. 2604).
Dies ist eine doppelte Anspielung auf die kommende Handlung: Gretchen wird zur Helena-Verkörperung; die antike Helena tritt in *Faust II* auf.

Gemeinsamkeiten der beiden Szenen

Neben Anspielungen auf die Französische Revolution – das bedeutendste politische Ereignis der Goethe-Zeit – spielt der Dichter mit erotischen Motiven. Hinsichtlich der ausgestalteten Metaphorik der Tierwelt sind beide Szenen aufeinander bezogen und kontrastierend angelegt.

Auerbachs Keller	**Hexenküche**
Der Mensch verkommt zum Tier: – Namen der Studenten (Frosch, Brandner (= Fuchs)) – Anreden („Schwein", „Ratte") – fühlen sich „kannibalisch wohl"	Tiere werden menschlich: – würfeln mit Mephisto um den menschlichen Verstand – Allegorie: Mephisto als König, Affen als Bürger

Die Gretchentragödie

Straße, Abend, Spaziergang

TR. 8

Die Szenen leiten die Gretchentragödie ein. Sie zeigen die erste Begegnung zwischen Faust und Gretchen und ihre jeweilige Reaktion darauf. Sie offenbaren auch Fausts Zerrissenheit zwischen sinnlichem Erlebnis und dem Wunsch nach aufrichtiger Liebe – dem Grundkonflikt der Gretchen-Handlung.

Straße I

Fausts Wunsch nach Besitz und sexuellem Abenteuer

- Faust spricht Gretchen an; sie ist die erste Frau, die er nach der Verjüngung in der Hexenküche sieht.
- Dabei beweist er seine Weltfremdheit: Er nennt sie „Fräulein", obwohl dies adeligen Mädchen vorbehalten ist. Sein aufdringliches Angebot zum Geleit ist ungehörig; Gretchen weist ihn zurück.
- Faust will sie besitzen. Er fordert Mephisto auf: „Hör, du mußt mir die Dirne schaffen!" (V. 2618).
- Mephisto behauptet, über das fromme, 14-jährige Mädchen keine Gewalt zu haben.

Abend

Widersprüchliche Mischung aus Besitzdenken, Bewunderung und Liebe

- In Gretchens Kammer möchte Faust allein sein.
- Die Ordnung der kleinbürgerlichen Verhältnisse in der Kammer empfindet er als heilig (im Gegensatz zu seiner eigenen Unruhe).
- Der Schmuck, den Faust als Geschenk für Gretchen zurücklässt, verrät jedoch, dass er sie weiterhin besitzen möchte.

Gretchen: Verunsicherung, Treue- und Schuld-Motiv

- Als Gretchen nach Fausts geheimen Eindringen wieder in ihre Kammer zurückkehrt, spürt sie intuitiv eine Veränderung: „Es ist so schwül, so dumpfig hie" […] (V. 2753).
  - ➔ Die Veränderung ist u.a. durch das Schmuckkästchen, das Zeichen ihrer Schuld, in die sie sich mit ihm verstricken wird, verursacht worden.
  - ➔ Mit ihrer unbewussten Ablehnung von Mephistos Machenschaften wird auch auf ihre Gegnerschaft zum Teufel vorausgedeutet.
- Unbewusst beginnt sie, das Lied *König von Thule* zu singen, das von der ewigen Treue eines Königs zu seiner Geliebten handelt.
  - ➔ Mit dem Motiv der Treue wird Gretchens zentrale Frage in ihrem Verhältnis zu Faust aufgeworfen.
- Schließlich entdeckt sie das Schmuckkästchen, dessen Inhalt sie bewundert.

Spaziergang

- Mephisto ist außer sich darüber, dass Gretchen den Schmuck ihrer Mutter gegeben hat, die ihn zum Pfaffen getragen hat.
- Faust befiehlt Mephisto nur, er solle neuen besorgen. Er will Gretchen nicht gewinnen, sondern kaufen.

Garten

Das von Mephisto arrangierte Rendezvous findet im Rahmen eines Wechselspiels statt. Dabei stehen die Paare „Faust und Gretchen“ und „Mephisto und Marthe“ in einem mitunter komisch wirkenden Kontrast.

Faust und Gretchen		Mephisto und Marthe
Jugend reine Liebe Idealismus	⟷	Alter betonte Sexualität Realismus

Mephisto hat seine liebe Not, sich der Annährungsversuche Marthes zu erwehren.

Gretchen hingegen betont den Standes- und Bildungsunterschied zwischen Faust und ihr. Faust versteht nicht, dass ihre Andeutungen hinsichtlich ihrer Familie, ihrer Arbeit und Pflichten, ihres Vermögens und ihrer Rolle im Hause der Mutter (vgl. V. 3109–3148) zeigen sollen, dass er sie heiraten könnte. Durch das Blumenorakel gesteht sie ihre Liebe. Gleichzeitig ist die zerrupfte Blume (eine Margarite!) ein Symbol für ihre bald verlorene Jungfräulichkeit.

Gartenhäuschen

Im Gartenhäuschen küssen sich Faust und Margarethe. Mephisto drängt zum Aufbruch. Die Szene fasst noch einmal Gretchens geringe Selbsteinschätzung zusammen:

> Beschämt nur steh ich vor ihm da,
> Und sag zu allen Sachen ja.
> Bin doch ein arm unwissend Kind,
> Begreife nicht, was er an mir find't. (V. 3213 f.)

TR 10

Wald und Höhle, Gretchens Stube

In den beiden kontrastiv angelegten Szenen legen Faust und Gretchen unabhängig voneinander Rechenschaft über ihre Gefühle ab.

Wald und Höhle

- Faust hat sich in die Einsamkeit der Natur zurückgezogen. Sein Eingangsmonolog ist Ausdruck seines Seelenzustandes: Anfangs noch glücklich, da er in der Waldeinsamkeit vom Wunder der Natur erfüllt ist, fällt er schnell in seine Depression zurück:

  O daß dem Menschen nichts Vollkommnes wird,[...]
  So tauml' ich von Begierde zu Genuß,
  Und im Genuß verschmacht' ich nach Begierde. (V. 3240 ff.)

- Seine innere Distanzierung zu Mephisto wird deutlich, die durch dessen Spott nur noch verstärkt wird (vgl. V. 3266 ff.).
- Mephisto beschreibt Gretchens Ruhelosigkeit und versucht auf diese Weise, Faust zur Geliebten zurückzudrängen.

  Ihr sollt in Eures Liebchens Kammer. (V. 3343)

- Die Sticheleien Mephistos stellen Faust vor die zentrale Entscheidung zwischen idealer himmlischer Liebe oder körperlicher Begierde.
- Im Wissen, dass seine Rückkehr bzw. sein erneutes Eindringen in Gretchens Welt ihren Untergang bedeuten muss, entschließt sich Faust für die sexuelle Vereinigung:

  Was ist die Himmelsfreud' in ihren Armen?
  Laß mich an ihrer Brust erwarmen! (V. 3345 f.)

Die Szene *Wald und Höhle* steht genau in der Mitte der Gretchen-Handlung. Sie ist der Wendepunkt, von dem aus die Katastrophe ihren Lauf nimmt.

Gretchens Stube

Gretchen wird in ihrer kleinbürgerlichen Welt zu Hause am Spinnrad gezeigt. Erneut drückt sie ihre Gefühle in einem Lied aus:

> Meine Ruh' ist hin,
> Mein Herz ist schwer;
> Ich finde sie nimmer
> Und nimmermehr. (V. 3374 f.)

Dreimal wird diese Strophe im Lied wiederholt. Sie offenbart eindringlich die tiefen Gefühle Gretchens. Sie begehrt Faust.

Faust

Ideale Liebe
Himmelsfreud

Sexuelle Begierde
Laß mich an ihrer Brust
erwarmen! (V. 3345)

→ Schuld und Untergang
Du ,Hölle, mußtest dieses Opfer haben!
Hilf, Teufel, mir die Zeit der Angst verkürzen!
Was muß geschehn, mag's gleich geschehn!
Mag ihr Geschick auf mich zusammenstürzen
Und sie mit mir zugrunde gehn! (V. 3361 ff.)

Mein Busen drängt
Sich nach ihm hin. (V. 3406 f.)

Gretchen

TR. 11

Marthens Garten

Beim erneuten Zusammentreffen in Marthens Garten kommt es zu dem berühmten Religionsgespräch zwischen Faust und Gretchen. Am Ende verabreden sie sich zu einer Liebesnacht.

In dem Gespräch prallen sowohl unterschiedliche Gesprächsstrategien als auch unterschiedliche Auffassungen von Religion aufeinander.

	Gretchen	Faust
Gesprächs-strategie	– Nun sag, wie hast du's mit der Religion? (V. 3415) – Glaubst du an Gott? (V. 3426) – So glaubst du nicht? (V. 3430) ➔ dreimalige Wiederholung	– Will niemand sein Gefühl und seine Kirche rauben. (V. 3420) – Mein Liebchen, wer darf sagen: Ich glaub' an Gott? (V. 3427) – Nenn's Glück! Herz! Liebe! Gott! (V. 3454) ➔ ausweichende Antworten
Religions-verständnis	Gretchens Verständnis ist tief im Christentum verankert: – Übereinstimmung im Glauben als Bedingung für die Ehe – die sexuelle Vereinigung setzt die Ehe voraus – formaler Glaube (Sakramente)	Fausts Verständnis ist das der Aufklärung, also der Goethe-Zeit: – pantheistischer Gottesglaube – Erkenntniszweifel und Toleranz – Religion als Gefühls- und Herzenssache

Faust nutzt darüber hinaus seine Beredsamkeit, um Gretchen zu verwirren und sich aus ihrer Frage herauszuwinden. Dennoch kommt sie zu dem Schluss: „ [...] du hast kein Christentum" (V. 3468).

Sie glaubt, in Mephisto den Grund für Fausts merkwürdiges Verhältnis zur Religion zu erkennen. An der Religionsfrage spitzt sich deutlich ihre Antipathie gegenüber dem Teufel zu:

> Es tut mir lang schon weh,
> Daß ich dich in der Gesellschaft seh'. [...]
> Der Mensch, den du da bei dir hast,
> Ist mir in tiefer innrer Seele verhaßt [...];
> Aber wie ich mich sehne, dich zu schauen,
> Hab' ich vor dem Menschen ein heimlich Grauen,
> Und halt' ihn für einen Schelm dazu! (V. 3472 ff.)

Faust tut ihre Sorge mit dem Verweis ab: „Es muss auch solche Käuze geben". Er bezeichnet sie aber zugleich als „ahnungsvolle[n] Engel" (V. 3494).

Sie verabreden sich zur Liebesnacht. Da Gretchens Mutter einen leichten Schlaf hat, gibt Faust seiner Geliebten ein Schlafmittel für die Mutter, so dass sie ungestört sein können.

TR. 12

Am Brunnen, Zwinger, Nacht, Straße vor Gretchens Tür, Dom

Die mehrheitlich kurzen, aber wichtigen Szenen nach der Liebesnacht vereinigen die Sicht der Gesellschaft mit der Binnenperspektive Gretchens.

Am Brunnen In einer Mischung aus Neid, Spott und Genugtuung erzählt Lieschen am Brunnen, dem Klatschzentrum der kleinbürgerlichen Welt Gretchens, von Bärbelchen. Diese ist unehelich von ihrem Liebhaber geschwängert worden, der sie dann verlassen hat. Nun fällt sie der kirchlichen und sozialen Ächtung anheim. Gretchen, die sich sonst an der Verdammung solcher Frauen beteiligt hat, identifiziert sich mit Bärbelchen, da sie erkennt: „Und bin nun selbst der Sünde bloß!“ (V. 3584)	**Außenwirkung:** Soziale Ächtung

Zwinger Angesichts der drohenden gesellschaftlichen Ächtung betet Gretchen vor dem Andachtsbild der Mater Dolorosa (der schmerzensreichen Maria) im Zwinger, einem Bereich an der äußeren Stadtmauer, also am Rande der Stadt. In dem Gebet beklagt sie ihr Schicksal und bittet: „Hilf! rette mich von Schmach und Tod!“ (V. 3616)	**Binnenperspektive:** Klage, Hoffnung auf Rettung

Nacht, Straße vor Gretchens Tür	**Außenwirkung:**
Gretchens Bruder Valentin hat stets mit der Tugend seiner Schwester bei seinen Kameraden angegeben. Durch ihren Fehltritt fühlt er sich in seiner eigenen Ehre verletzt. Als er versucht, den Liebhaber zu stellen, wird er von Faust, dessen Klinge Mephisto im Verborgenen führt, tödlich verletzt. Faust und Mephisto müssen fliehen. Im Sterben verurteilt Valentin seine Schwester öffentlich: „Du bist doch nun einmal eine Hur'" (V. 3730) und sagt ihr eine Zukunft als sozial geächtete stadtbekannte Prostituierte voraus (vgl. 3750 f.).	Ächtung der Gesellschaft

Dom	**Binnenperspektive:**
Die Szenerie wechselt erneut zur Binnenperspektive Gretchens. Ein böser Geist, der ihr schlechtes Gewissen symbolisiert, hält Gretchen ihre Schuld vor Augen – der Tod der Mutter, die durch das Schlafmittel in der Liebesnacht umgebracht worden ist – das uneheliche Kind, das sie auf die Welt bringen wird – der Tod ihres Bruders Valentin Das Thema der Messe ist bezeichnenderweise das Jüngste Gericht. Bedrängt durch ihre Schuld und die dichte Menge der Kirchenbesucher, ringt Gretchen nach Luft und fällt in Ohnmacht. Sie kann die Situation nicht mehr aushalten.	Schuld, schlechtes Gewissen und Verurteilung

TR 13

Walpurgisnacht, Walpurgisnachtstraum, Trüber Tag – Feld, Nacht – Offen Feld

Die Szenen um die Walpurgisnacht sind als retardierendes (= verzögerndes) Moment der Gretchentragödie zu verstehen. Die Szene *Trüber Tag – Feld* ist die einzige Prosa-Szene.

Walpurgisnacht und Walpurgisnachtstraum

- Mephisto versucht, Faust vom Schicksal Gretchens und seiner Schuld am Tode Valentins abzulenken. Aus diesem Grund führt er ihn in der Nacht zum ersten Mai auf den Brocken.
- Dabei vermeidet er es allerdings, Faust in Abgründe des Bösen einzuweihen (vgl. V. 4039–4058).
- Er setzt stattdessen auf die sexuelle Verführung, die das Hexentreiben im Überfluss bietet.
- Inmitten des Genusses findet Faust jedoch zu sich selbst zurück. Die Vision eines blassen, schönen Mädchens, das „dem guten Gretchen gleicht“ (V. 4188), lässt ihn Distanz finden.
- Seine Beschreibungen („Augen eines Toten“, „rotes Schnürchen“ am Hals) deuten ebenso wie die Angebote der Trödelhexe (V. 4096 ff.) auf Gretchens Hinrichtung.
- Die interne Theateraufführung in der Szene *Walpurgisnachtstraum* bietet Mephisto erneut eine Gelegenheit, Faust von seinen Gedanken an Gretchen abzubringen.

Trüber Tag – Feld

Zurück von der Walpurgisnacht, hadert Faust mit sich und Mephisto. Vermutlich hat er erst gerade von Gretchens Schicksal erfahren.
Es ist die einzige Prosa-Szene des ganzen Dramas. Sie wurde fast unverändert aus dem *Urfaust* übernommen. Faust greift Mephisto mit den Worten an:

> Im Elend! Verzweifelnd! Erbärmlich auf der Erde lange verirrt und nun gefangen! Als Missetäterin im Kerker zu entsetzlichen Qualen eingesperrt das holde unselige Geschöpf! Bis dahin! dahin! – Verräterischer, nichtswürdiger Geist, und das hast du mir verheimlicht! [...] Und mich wiegst du indes in abgeschmackten Zerstreuungen, verbirgst mir ihren wachsenden Jammer und lässest sie hülflos verderben!

Mephisto kontert mit der Feststellung: „Sie ist die erste nicht." Faust befiehlt ihm jedoch, sie zu befreien.

Nacht – Offen Feld

In der kürzesten Szene des ganzen Dramas reiten Faust und Mephisto auf schwarzen Zauberpferden. Dabei kommen sie an einer Hinrichtungsstätte vorbei. Manche Interpreten deuten dies als den Ort von Gretchens Hinrichtung.

TR. 14

Kerker

Im Kerker, der letzten Szene des *Faust I*, kommt es zur Katharsis, also zur Reinigung: Gretchen bekennt sich zu ihrer Schuld und wird gerettet. Gleichzeitig wird der im *Prolog* begonnene Streit zwischen dem Herrn und Mephisto wieder aufgegriffen.

Gretchen ist dem Wahnsinn verfallen, auch wenn sie im Dialog mit Faust immer wieder klare Momente hat:

- In dem Lied „Meine Mutter, die Hur" nimmt sie die Perspektive des ermordeten Kindes ein.
  ➔ Das Lied ist aus dem Märchen „Vom Machandelboom". Dort tötet die böse Stiefmutter einen Jungen, den sie dem Vater zum Essen vorsetzt. Die Schwester vergräbt die Knochen unter einem Leben spendenden Wacholderbaum. Der Junge fliegt als Vogel davon. Damit sind Motive wie Schuld, Rache, aber auch Errettung thematisiert.
- Gretchen erkennt Faust nicht, sondern meint, er sei ihr Henker, der sie zu früh zur Richtstätte führen will.
- Sie möchte ihr (umgebrachtes) Kind noch an die Brust nehmen, das sie die ganze Nacht geherzt habe.

Erst als Faust ihren Namen ruft, werden Erinnerungen wach (Straße, Garten – vgl. V. 4470 f.). Faust beschwört sie mehrfach, mit ihm zu kommen. Sie erkennt jedoch, dass er sie nicht mehr liebt:

> O weh! deine Lippen sind kalt
> Sind stumm.
> Wo ist dein Lieben
> Geblieben? (V. 4493)

Gretchens Gemütszustand ist zunächst stark geprägt von Furcht vor Schande und Tod. Spätestens aber ab V. 4507 bekennt sie sich zu ihrer Schuld. Ihre Konsequenz daraus ist:

> Ich darf nicht fort; für mich ist nichts zu hoffen. (V. 4544)

Im Wissen, dass sie hingerichtet wird, unterwirft sie sich dem Urteil Gottes:

> Gericht Gottes! dir hab' ich mich übergeben! [...]
> Dein bin ich, Vater! Rette mich! (V. 4605 ff.)

Der Auftritt Mephistos, der zur Eile drängt, wirkt wie ein Katalysator. „Sie ist gerichtet", ruft er aus, doch eine Stimme „von oben" widerspricht: „Ist gerettet" (V. 4612).

Der Schluss der Tragödie greift das Motiv des *Prologs* wieder auf: Der Herr und der Teufel streiten über das Sein des Menschen. Gretchen ist ein erster Modellfall für die These des Herrn:

> Ein guter Mensch in seinem dunklen Drange
> ist sich des rechten Weges wohl bewußt. (V. 328 f.)

Prolog		**Kerkerszene**
Herr	→	Gretchens Rettung
↕		↕
Mephisto	→	Gretchens Verdammung

Faust und Mephisto fliehen.

Analyse und Interpretation

Aufbau

Die Gelehrtentragödie

TR. 15

> Unter der „Gelehrtentragödie“ versteht man den ersten Hauptteil des Dramas bis zum Aufeinandertreffen von Faust und Gretchen. Sie konzentriert sich ganz auf die Figur des Gelehrten selbst.
> Inhaltlich geht es um die Verzweiflung des Doktor Faust, den all seine Studien nicht zur letzten Erkenntnis darüber geführt haben, „was die Welt im Innersten zusammenhält“ (V. 381 f.).

Anhand der folgenden Tabelle kannst du dir eine Übersicht über den Verlauf der Gelehrtentragödie verschaffen:

Szene	Inhalt
Fausts Verzweiflung	
Nacht	– Faust hat alle Wissensbereiche seiner Zeit studiert, doch ist er seinem Ziel nach Erkenntnis nicht näher gekommen. – Die Beschwörung der Geister schlägt fehl; auch die Magie führt ihn nicht weiter. – Der Auftritt seines Assistenten (Famulus) Wagner verstärkt seine Unzufriedenheit. – Von Depressionen geplagt, will er Selbstmord begehen, wird jedoch von den Osterglocken davon abgehalten.

Szene	Inhalt
Mephistos Auftritt und die Wette	
Vor dem Tor	– Beim Osterspaziergang kann Faust kurzfristig seine Sorgen vergessen. Am Abend wünscht er sich jedoch wieder, die menschlichen Grenzen aufzuheben. – „Zwei Seelen wohnen, ach! In meiner Brust" (V. 1112) – Faust verlangt nach „Liebeslust" und Erkenntnis.
Studierzimmer I	– Mephisto erweist sich als „des Pudels Kern". – Er stellt sich vor, als „ein Teil von jener Kraft, // Die stets das Böse will und stets das Gute schafft" (V. 1335 f.). – Faust kann ihn nicht festhalten; Mephisto entkommt mit einem Trick.
Studierzimmer II	– Mephisto bietet einen Pakt an: Er will Faust im Diesseits dienen, Faust solle ihm im Jenseits das Gleiche tun. – Faust wettet, dass es Mephisto nicht gelingt, ihm einen Augenblick des Glücks zu verschaffen.
Reisestationen: *Auerbachs Keller in Leipzig*	– Mephistos erster Versuch, Faust durch platte Geselligkeit und Alkohol zu einem Moment der Zufriedenheit zu verhelfen, scheitert kläglich.
Hexenküche	– Faust wird durch einen Zaubertrank verjüngt. – Durch die Frau im Zauberspiegel wird auf Gretchen und Helena vorausgedeutet.

Die Gretchentragödie

Die Gretchentragödie ist der zweite Hauptteil des Werkes. Die Handlung folgt weitgehend dem Muster des klassischen Dramas, hier insbesondere dem bürgerlichen Trauerspiel. Das Schaubild gibt einen Überblick.

Zwischen idealer Liebe und sexueller Begierde

Wald und Höhle (Fausts Zerrissenheit, gibt Gretchen dem Untergang preis.)

Gartenhäuschen (Mephisto drängt zum Aufbruch.)

Garten (Reine Liebe zwischen Faust und Gretchen; Marthe umwirbt Mephisto.)

Straße II (Faust zögert, den Tod von Marthes Mann zu bezeugen.)

Der Nachbarin Haus (Mephisto arrangiert Rendezvous)

Spaziergang (Schmuck wird zum Pfaffen gegeben)

Abend (Gretchen findet Schmuck im Zimmer, ihre Verunsicherung, Lied: *König von Thule*)

Straße I (erste Begegnung zwischen Faust und Gretchen)

Steigende Handlung

Gretchens Stube (Gretchens aufrichtige Liebe) **Vereinigung, Schuld und Tod**

Marthens Garten (Religionsgespräch; Verabredung zur Liebesnacht)

Am Brunnen (Kleinstadttratsch über ledige Mutter; Spiegelung der Situation Gretchens)

Zwinger (Gebet Gretchens zu Maria)

Nacht. Straße vor Gretchens Tür (Faust ersticht Gretchens Bruder Valentin; Valentin verflucht seine Schwester als Hure.)

Dom (Ohnmacht Gretchens während der Messe)

Walpurgisnacht (Hexentreiben; Fausts Vision von Gretchen) [*Walpurgisnachttraum*]

Fallende Handlung

Trüber Tag – Feld (Plan zur Befreiung Gretchens) [*Nacht – Offen Feld*]

Kerker (Gretchens Wahnsinn; sie will nicht befreit werden; ihre Errettung)

TR. 16

Die doppelte Wette als Motor der Faust-Handlung

Die Handlung wird durch eine Verknüpfung von zwei Wetten angetrieben:

- die Wette zwischen dem Herrn und Mephisto (*Prolog im Himmel*)
- die Wette zwischen Faust und Mephisto (*Studierzimmer II*)

Die Wette zwischen dem Herrn und Mephisto

Die Wette zwischen dem Herrn und Mephisto dient als Rahmenhandlung, die der gesamten Faust-Tragödie vorgeschaltet ist.
Im *Prolog im Himmel* ist der Herr sicher, dass er den unzufriedenen Faust bald von seinem quälenden Streben und Suchen erlösen werde. Faust, den er als seinen Knecht bezeichnet, werde ihm dann nicht mehr nur „verworren" dienen. Daraufhin fordert Mephisto den Herrn heraus und wettet mit ihm, dass er Faust verlieren werde.
Der Ausgang der Wette ist jedoch vorgegeben, Mephisto hat letztlich keine Chance zu gewinnen (vgl. die Gärtner-Metapher, V. 310 f.) und Mephistos begrenzte Macht und Funktion (V. 313 und 338 ff.)).

Die Wette zwischen Faust und Mephisto

In der eigentlichen Faust-Handlung setzt Mephisto bei der Unzufriedenheit des Gelehrten an. Er schlägt in der Szene *Studierzimmer II* einen Pakt vor, doch modelt Faust diesen zu einer Wette mit Mephisto um. Faust ist überzeugt, dass es Mephisto nicht gelingen werde, ihn zufriedenzustellen. Sein Wetteinsatz ist hoch: Werde er zu einem Augenblick sagen, „Verweile doch! du bist so schön" (V. 1700), so möge er sterben und dem Teufel im Jenseits dienen.

Daraufhin führt ihn dieser in die „kleine, dann die große Welt" (V. 2052). Die kleine Welt wird im ersten Teil der *Faust*-Tragödie dargestellt (*Auerbachs Keller*, Gretchentragödie). Die große Welt (Kaiserhof, antike Mythen) ist Gegenstand von *Faust II*.

Offenes Ende der Wetten im Faust I

Beide Wetten bleiben am Ende von *Faust I* offen. Faust hat weder den Augenblick der Erfüllung erlebt, noch ist seine Erlösung durch den Herrn in Sicht. Erst am Ende von *Faust II* erfährt er mit der von Mephisto vorgegaukelten Illusion von globaler Herrschaft und ewigem Ruhm eine Vorfreude auf den ersehnten Augenblick des Glücks. Mephisto glaubt, damit die Wette gewonnen zu haben, doch Faust wird gerettet.

Strukturskizze

Faust I

Rahmenhandlung

Wette zwischen Herr und Mephisto
(Prolog im Himmel)

Gelehrtentragödie

Wette zwischen Faust und Mephisto
(Studierzimmer II)

Die kleine Welt:
Auerbachs Keller
Gretchentragödie

Ende *Faust I*

Faust II
Die große Welt:
Auflösung beider Wetten
Moment des Glücks / Rettung

TR.17

Gegensätzlichkeit und Spiegelung als grundlegendes Strukturprinzip

Angesichts der unterschiedlichen Elemente in *Faust I* (Monodrama, bürgerliches Trauerspiel, Lieder etc.) stellt sich die Frage nach der Struktur des Werks. Zentral sind in diesem Kontext die aufeinander bezogenen Gegensätze und teils spiegelbildlich angelegten Kontrastierungen.

Begrenztheit und Weite

Dieser möglicherweise wichtigste Gegensatz liegt Fausts Konflikt zugrunde.

Begrenztheit		Weite
– Beschränktheit des Wissens trotz Studium	⟷	– Entgrenzungsversuche durch Magie
– Mensch	⟷	– göttliche Unbegrenztheit
– Studierzimmer als Kerker	⟷	– lebendige Natur
– nächtliche Enge	⟷	– weite Frühlingslandschaft am Tag
– kleinbürgerliche Welt Gretchens	⟷	– Faust als der „Unbehauste“

Himmlische, ideale Liebe oder Triebbefriedigung

Der Gegensatz prägt vor allem die Gretchentragödie, strukturiert aber auch andere Konstellationen.

- Faust steht vor der Frage, welchen Charakter seine Beziehung zu Gretchen haben soll. In der Szene *Wald und Höhle* entscheidet er sich für die körperliche Begierde, obwohl er weiß, dass Gretchen dadurch verloren ist.
- Während Gretchen für ein tiefgreifendes, aufrichtiges Gefühlt steht, dient Marthe als Kontrastfigur, die auf ein sinnliches Erlebnis mit Mephisto aus ist.
- Sexualität spielt auch in den Szenen der Hexenwelt eine wichtige Rolle.

Himmel und Hölle

Deutlich wird dieses Gegensatzpaar vor allem in den beiden Szenen *Prolog* und *Kerker*.

Himmel
Herr, Engel

Prolog

Wette um Faust

Menschenbild:
„Ein guter Mensch in seinem dunklen Drange
Ist sich des rechten Weges wohl bewußt."
(V. 328 f.)

↕

„tierischer als jedes Tier"
(V. 286)

Kerker

Errettung oder Verdammnis für Gretchen

Hölle
Mephisto, Hexen

Spiegelungen und spiegelbildliche Kontrastierungen als Kompositionsprinzip lassen sich auch bei der Gestaltung anderer Szenenfolgen nachweisen.

Nacht		*Vor dem Tor*
nächtliches Studierzimmer	↔	Osterspaziergang am Tag
Selbstmordgedanken	↔	Tag der Auferstehung

Selbst innerhalb einzelner Szenen wendet Goethe das Prinzip der Konstrastierung an, so z. B. in der Szene *Garten*. Hier werden die beiden Paare „Faust und Gretchen" und „Mephisto und Marthe" einander gegenübergestellt.

Personen und Personenkonstellation

Drei Figuren bestimmen das Drama: Faust, Mephisto und Gretchen.

Faust

Faust ist ohne Zweifel ein sehr vielschichtiger Charakter, der widersprüchlich angelegt ist. Zentrale Charakterzüge sind seine Maßlosigkeit, seine Unzufriedenheit, seine Ich-Bezogenheit und seine emotionale Unausgeglichenheit.

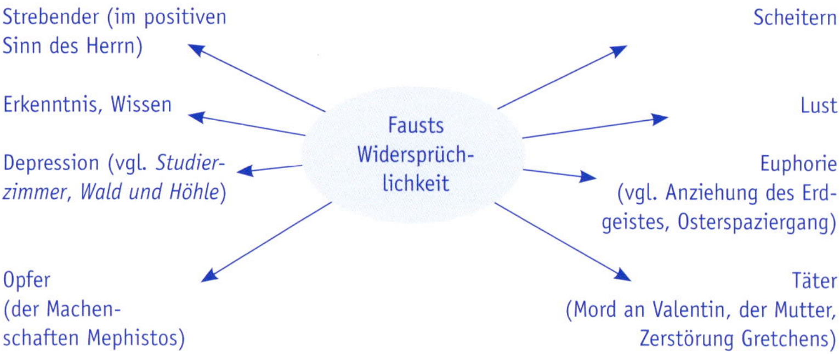

Faust I

Fausts unstillbares Verlangen wird auf zwei Ebenen dargestellt, schließlich herrschen „zwei Seelen" in seiner Brust: Erkenntnis und Lust. Beide Ebenen sind mit Enttäuschung, Scheitern und Zerstörung verbunden.

Faust II

Im zweiten Teil der Tragödie (*Faust II*) richtet sich Fausts Streben auch auf globale politische und wirtschaftliche Macht. Damit wird er gleichsam zum Sinnbild des modernen Menschen weit über Goethes Zeit hinaus – bis in unser Jahrhundert.

Bis zuletzt bleibt Faust im Irrtum befangen: Er wird schuldig und macht sich die Natur untertan. Am Ende von *Faust II* aber retten die Engel Faust mit Worten, die auf den Anfang der Tragödie (*Prolog*) zurückverweisen.

> Wer immer strebend sich bemüht,
> Den können wir erlösen. (V. 11936 f.)

Goethe und der Faust-Stoff

Zur Entstehung des Dramen-Komplexes

TR. 23

Goethe (1749–1832) hat über 60 Jahre am *Faust* gearbeitet. Von mehreren Epochen der Literaturgeschichte geprägt, hat sich die Handlung erst allmählich entfaltet, so dass der Dramen-Komplex entscheidende inhaltliche und sprachliche Veränderungen erfahren hat. Diese Wandlungen hängen eng mit Goethes Biografie zusammen.

Biografischer Zusammenhang

Schon früh kommt Goethe über Puppenspiele und Wandertheater mit dem Faust-Stoff in Berührung.
Als junger Dichter, der dem Sturm und Drang zugeordnet wird, interessiert sich Goethe für das wissenschaftliche Genie Fausts, dessen absoluter Drang nach Erkenntnis die mittelalterliche Ordnung in Frage stellt.
Goethes Jura-Studium konfrontiert ihn mit der Problematik lediger Mütter und dem Kindsmord.

Als Universalgenie (Literatur, Farbenlehre, Metamorphose) identifiziert sich Goethe mit Faust, einer Figur, die ihn zeitlebens nicht mehr loslässt.

Faust-Fassung

Urfaust (1772–1775)
Lockere Szenenfolge noch mit logischen Brüchen:
- Beginn des überwiegend in Versen verfassten Theatertextes mit Fausts Unzufriedenheit im *Studierzimmer*; die „zwei Seelen" sind jedoch noch unbekannt.
- Mephistos Auftreten durch das Fehlen der Rahmenhandlung unmotiviert
- Gretchentragödie bereits ausgearbeitet

Goethe reist in diesen Jahren nach Italien und entdeckt dort die klassischen Ideale der Antike (versgebundenes Drama, philosophische, politische und menschliche Ideale).

Fragment (1786–1790)
Schon während der Reise wandelt er die Prosaszenen in Verse um; lediglich die Szene *Trüber Tag – Feld* bleibt davon ausgenommen.
Noch bricht die Handlung nach der *Dom*-Szene abrupt ab. Erste Hinweise deuten auf einen zweiten Teil (Helena als antikes Ideal, „große Welt").

Mit Schiller zusammen begründet Goethe die Weimarer Klassik. Der enge Freund fordert ihn auf, das Werk zu vollenden, Faust jedoch symbolhafter zu gestalten, zerrissen zwischen Erkenntnis und Genuss.

Faust. Der Tragödie erster Teil (1797–1806/8)
Lücken werden geschlossen, das menschliche Streben und andere Leitmotive zu einem Gesamtwerk durchkomponiert.
Der charakteristische dreifache Zugang entsteht, die beiden Wetten verbinden die Handlung.

Freunde drängen Goethe am Ende seines Lebens, den bisher unveröffentlichten Teil (5. Akt von *Faust II*) zu vervollständigen. Das Manuskript bleibt aber bis nach seinem Tod 1832 verschlossen.

Faust. Der Tragödie zweiter Teil (1797–1800, 1825–1832)
Die Wette aus dem *Prolog im Himmel* wird entschieden.

TR. 24

Faust I zwischen Sturm und Drang und Klassik

Aufgrund der langen Entstehungsgeschichte ist eine Epochenzuordnung des Dramas schwierig. Letztlich steht es zwischen den beiden großen Epochen des ausgehenden 18. und beginnenden 19. Jahrhunderts: Sturm und Drang (1767–1785) und Weimarer Klassik (1785–1832).

Sturm und Drang

Der Sturm und Drang ist eine Protestbewegung junger bürgerlicher Autoren, die sich gegen die gesellschaftspolitischen Verhältnisse am Ende des 18. Jahrhunderts wendet (absolutistische Willkürherrschaft, Ständegesellschaft, Enge der Konventionen).
Sie radikalisiert die mit ihr verwandte Aufklärung, setzt aber nicht auf den Verstand, sondern hebt das Gefühl hervor, um die Menschen für sich zu gewinnen und Veränderungen durchzusetzen. Zentrale Ideen und Themen der Epoche finden sich auch im *Faust I*:

Geniekult und Individualität
Das Genie will sich in seinem schöpferischen Herzen mit Gott vergleichen. Seine Individualität wird durch Konventionen, gegen die es sich auflehnt, begrenzt.

→ Faust als titanisches Genie; Wunsch, den Göttern gleich zu sein

Melancholie
Aufgrund der Tatsache, dass die Protagonisten sich aus den gängigen Konventionen lösen wollen, leiden sie oft an Vereinzelung. Ihr Protest schlägt daher leicht in Melancholie und Selbstbezogenheit um.

→ Fausts Einsamkeit, Depressionen, Geringschätzung anderer

Ursprüngliche Natur
Die Stürmer und Dränger gehen vom guten Menschen aus, der im Einklang mit der Natur lebt. In der ursprünglichen Natur kann sich die Natürlichkeit des Menschen unverstellt und frei von gesellschaftlichen Zwängen entfalten.

→ Menschenbild; Idealbilder der Natur (*Studierzimmer*, *Wald und Höhle*)

Natürliche Sprache
Die Rückbesinnung auf ein ursprüngliches Ideal frei von Konventionen findet ihren sprachlichen Ausdruck in kraftstrotzender Prosa und Volksdichtung.

→ größere Prosateile des *Urfaust; Trüber Tag – Feld*, Lieder: *König von Thule*

Kindsmord
Die Autoren des Sturm und Drang entdecken das Schicksal lediger Mütter als Thema.

→ Gretchentragödie

Weimarer Klassik

Die Weimarer Klassik (1786–1832) orientiert sich an den Idealen der griechischen Antike. Der politisch rebellische Ton des Sturm und Drang wird zugunsten einer Darstellung des Idealischen zurückgenommen.

Entscheidend für die Abkehr vom Pathos des Sturm und Drang waren die Wiederentdeckung der Antike und die Schrecken der Französischen Revolution.

Winckelmanns Griechenland-Bild	**Goethes Italienreise**	**Französische Revolution**
Der Begründer der modernen Archäologie und Kunstwissenschaft prägt das Bild einer idealen griechischen Antike.	In den Jahren nach 1786 reist Goethe durch Italien und entdeckt dort die Mustergültigkeit des Altertums. Ihn beeinflussen vor allem die Formstrenge der Architektur und des antiken Dramas.	Freiheit und Gleichheit, die Ideale der Aufklärung, schlagen um in die Terrorherrschaft der Jakobiner.

Weimarer Klassik

Aufgabe der Kunst ist es, einen menschlichen Idealzustand zu beschreiben. Sie ermöglicht die Begegnung mit dem Wahren und Schönen, hat damit also erzieherische Wirkung. Die Verabsolutierung des Gefühls wird aufgegeben; Gefühl und Vernunft stehen in einem harmonischen Gleichgewicht. Die Dichter achten auf strenge Formen, Dramen werden in Versen komponiert.

Vom historischen Faust zur literarischen Figur

Der historische Faust wurde wohl schon zu seinen Lebzeiten Gegenstand der Legenden- und Sagenbildung. Über eine lange volkstümliche und literarische Tradition vermittelt, wurde die Figur schließlich von Goethe übernommen.

Der historische Faust

Die zeitgenössische historische Quellenlage zu Faust ist äußerst dürftig. Bis auf eine Nennung wird er ausschließlich von konfessionellen Gegnern, Neidern oder Konkurrenten erwähnt bzw. beschrieben – sicherlich ein Grund für seinen zweifelhaften Ruf und die spätere Assoziierung mit dem Teufel.

Biografie Fausts

- Georg Faust wird in Knittlingen (Württemberg) im Jahre 1480 geboren.
- Er gibt sich als Magier, Wahrsager und Alchemist unter allerlei Namen und Titeln aus, hat aber wahrscheinlich keine höhere Bildung.

Historische Hintergründe
Umbruch vom Mittelalter zur Frühen Neuzeit verbunden mit Renaissance, Humanismus, Reformation und Kirchenspaltung; alte Autoritäten (Kirche) und Weltbilder werden in Frage gestellt.

- Mit seiner Visitenkarte stellt er sich als „Magister Georgius Sabellicus Faustus iunior“ vor. „Faustus“ (lat.) bedeutet „Glücksbringer“ und dient als Empfehlung.
- Kirchliche Amtsträger und Mediziner betrachten ihn als Scharlatan, doch das Volk auf den Marktplätzen und in den Wirtshäusern bewundert ihn.

- Möglicherweise gehört er in den elitären Kreis der Renaissance-Magier um Paracelsus und Agrippa von Nettesheim, dessen Vornahmen „Heinrich" Goethe für seine Figur übernimmt.
- 1540 stirbt der historische Faust bei einer Explosion in seinem Labor im badischen Stauffen, mutmaßlich beim Versuch, Gold herzustellen.

Legendenbildung und literarische Vorlagen

TR. 25

Spätestens mit dem mysteriösen Tod setzt eine umfangreiche Legendenbildung ein. Dabei wird Faust, der Kirche und Religion öffentlich verspottet und dessen Wahrsagungen mitunter eintraten, schnell ein Teufelsbündnis angedichtet.

Im populären Volksbüchlein *Historia von D. Johann Fausten* (1587), das die weitere Überlieferung prägt, wendet sich der mittlerweile zum studierten Doktor mutierte Faust in seinem unstillbaren Erkenntnisdrang der Magie zu. Mephisto bietet ihm einen Pakt an. Faust verkauft seine Seele, damit ihm Mephisto 24 Jahre lang dient.

↙ ↓ ↘

Drama Christopher Marlowes (1589)

Populäre Puppenspiele und Wanderbühnen

Lessings Drama (ca. 1755) Idee der Rettung Fausts durch die Engel

↘ ↓ ↙

Goethes Faust

Resümee

Literarische Bedeutung, Rezeption und Aktualität der Faust-Tragödie

Faust I gehört zu den meistgelesenen Dramen in der Schule und ist aus den Spielplänen der Theater nicht wegzudenken. Es gilt als eines der bedeutendsten Werke der deutschsprachigen Literatur. Dies liegt auch an der ungebrochenen Aktualität der dargestellten Thematik.

Verbreitung

- Zwei Jahrzehnte lang galt das Drama als unspielbar, erst 1829 wurde *Faust I* uraufgeführt.
- Als Lesetext fand es jedoch rasch Verbreitung. 1867 eröffnete der Reclam-Verlag seine Universalbibliothek mit Goethes Meisterwerk.
- Seit der Veröffentlichung im Jahre 1808 hat es unzählige Anlehnungen und Parodien gegeben. Komponisten und bildende Künstler haben sich von Faust und Mephisto inspirieren lassen. Ein Meilenstein ist sicherlich die Inszenierung und spätere Verfilmung (1960) des *Faust* mit Gustav Gründgens in der Rolle des Mephisto. In jüngster Zeit (2000) sorgte die Aufführung des ungekürzten *Faust* von Peter Stein für Aufsehen.
- Eine unglaubliche Fülle von Zitaten aus der Tragödie ist heute sprachliches Allgemeingut (z.B. „Da steh ich nun, ich armer Tor").

Beurteilung

Die Figur des Faust ist im Verlauf der letzten zwei Jahrhunderte äußerst unterschiedlich betrachtet worden.

Rezeption

	einseitig positiv	einseitig negativ
19. Jh.	Faust als Inbegriff des modernen, sich befreienden, strebenden Menschen	
	„faustisch“ als deutscher Wesenszug (insbesondere nach 1871)	
20 Jh.	Vereinnahmung durch den Nationalsozialismus: Faust als Muster des deutschen Wesens	
		Faust als warnendes Beispiel für ein verblendetes Ego
21. Jh.		

Gegenwärtiger Konsens:
Faust als Repräsentant des modernen Menschen, dessen Erkenntnisdrang die mittelalterliche Welt aufbricht, doch zerstörerisch wirkt (Gretchen).

Aktualität

Der Mensch, der in seinem Streben (z.B. Karriere) über Leichen geht, der sich die Umwelt untertan macht und als Global Player ein Weltunternehmen steuert (*Faust II*), gehört in der Tat zu den zentralen Themen unserer Zeit.

Mögliche Abiturthemen zu Goethes *Faust*

1. *Prolog im Himmel*

   Arbeite aus dem *Prolog* heraus, welches unterschiedliche Menschenbild der Herr bzw. Mephisto haben und zeige die Bedeutung dieser Auffassungen für die gesamte Tragödie.

2. *„Zwei Seelen wohnen, ach! in meiner Brust"*

   Erläutere die Grundproblematik der Faust-Figur und ihre Funktion für das Drama.

3. *Wald und Höhle*

   Fasse knapp zusammen, was man wissen muss, um die Szene zu verstehen.
   Analysiere das Verhältnis von Faust und Mephisto in der Szene.
   Stelle dar, welche Konsequenzen Fausts Entscheidung hat, zu Gretchen zurückzukehren.

4. *Kerker* – Gestaltende Interpretation

   Beschreibe, welches Bild der Leser von Gretchen im Verlauf der Handlung und in der Szene *Kerker* gewinnt.
   Gehe von folgender Annahme aus: Gretchen tritt nach der letzten Szene vor den Herrn und gibt Rechenschaft über ihre Beziehung zu Faust und ihre Untaten. Schreibe diese Szene.

(**Lösungsvorschläge** befinden sich auf einer Datei auf der CD.)